산과 나

산과 나

윤병화

자서(自序)

나는 대학과 대학원에서 문학 그 중에서도 시를 전공했다. 그리고 그간 교단에서 오랜 기간 학생들에게 시를 가르쳐 왔다. 그러면서 이래저래 써온 시들이 꽤 된다.

이를테면 각종 시화전, 시사전, 시도전 등에 참여하면서 쓴 시들이 그것이다. 그러다보니 역사(驛舍)에 걸린 시, 도서관에 걸린 시, 학교에 걸린 시 등을 비롯하여 동인지 잡지 신문 등에 쓴 시들도 적지 않다. 이렇게 떠도는 시들에게 늦었지만 집을 만들어 주는 것도 주인의 도리일 듯싶어 한권의 시집으로 묶는다.

나는 전문적인 시인이 아니다. 그간 주로 산문을 써왔던 수필가이다. 그러나 율(律)을 필요로 해 산문으로 풀지 못하는 글도 있게 마련인지라, 그런 이유로 써진 것이 이 시들이다. 내 시를 보고 수상시라 해도 좋고 산문시 아니, 그냥 산문 같다 해도 할 말은 없다.

나는 시 앞에 결코 비굴하지 않았다. 시를 쓴다는 것은 무엇인가? 그것은 진선미(眞善美)를 찾아 사는 일이요, 진선미를 언어로 형상화하는 일이라고 나는 생각한다. 그리고 이것이 삶의 참된 가치다.라고…….

시라고 내세운 내 이런 글들은 삶을 아름답게 살고자

했던 내 뜻에 다름 아니다. 아니 바르고 정직하게 그러면서 인간답게 살고자 했던 숨은 내 노력의 일환이었다.

오늘도 나는 서재에 한가롭게 앉아서 책을 읽는다. 그러다가 떠오르는 것이 있으면 한 줄 글로 긁적거린다. 내가 좋아서 하는 일이기에 스스로 사는 멋을 즐길 뿐이다. 따라서 남이 알아주고 몰라주고는 이미 내가 탓할 일이 아니다.

이제 남에게 얻어 본 시집을 갚을 수 있어 좋고, 내 마음 나누어 줄 수 있어 즐겁다.

이천십삼년 새봄에
香巖樓에서

목차

3. 고향 시편

4. 낮은 소리를 내는 사람은

6. 기타

1

아프리카를 위한 시 · 외

오늘

오늘은 오늘 내가 받은 가장 큰 선물입니다.
어제는 그래도 무사히 지나갔기에 좋았습니다.
아픔이 있었지만 지금은 추억만이 남았습니다.
내일은 다시 올 것이라는 믿음으로 좋습니다.
못 다한 일이 남아 있기에 기다려도 집니다.
그러나 내게 있어 오늘만한 것은 없습니다.
오늘이 있어 지금 사랑할 수 있기 때문입니다.

뻥튀기 아저씨가 되어

퇴직 후 나는 뻥튀기 아저씨가 되어 아프리카로 가고 싶다. 가지처럼 달린 내 모든 역할과 책임, 의무와 자리로부터 벗어나 이제 마음 편한 자유인이 되어 떠나고 싶다. 뻥튀기 기계 하나 짊어지고 아프리카 깊숙한 오지 마을을 찾아 끝없는 여행을 떠나고 싶다.

그리하여 마을을 만나면 커다란 바오밥나무 그늘 아래 자리를 펴고, 검은 얼굴에 큰 눈동자를 가진 맨발의 아이들을 불러 모으리라. 나뭇조각을 모아 불을 지피고 옥수수 한 됫박 집어넣고, 마술 부리듯 뻥튀기 기계를 즐겁게 돌리리라. 꿈을 넣고 달달달 데워 돌리다보면, 뜨겁게 열을 올리다보면, '뻥' 하고 터져 나오는 튀밥처럼, 꿈도 그리 커 오를 수 있다는 것을 그들 앞에 증명해 보이리라.

내 둘레에 쪼그리고 앉은 아이들, 기다림 끝에 귀를 막고 일어서면 천지사방으로 퍼져나가는 꿈의 조각들. 하얀 이를 드러내며 신기해하는 그들을 보며 나 또한 무한한 행복감에 젖어 보리라. 커 오른 꿈을 한 바가지씩 퍼주며 서로의 믿음을 확인하리라.

나 이제 살고 싶은 삶을 향해 걸어가고 싶다. 자그마하지만 너의 기쁨으로 내가 즐거운 그런 삶을. 바오밥나무에 기대어 별이 뜬 하늘을 이불 삼아 덮고, 달을 보며 잠이 들고, 아침 이슬을 떨고 일어나 또 다른 마을을 찾아 가리라.

뻥튀기 아저씨가 되어 나는 아프리카로 가고 싶다. 이것이 남은 내 삶의 꿈이요, 필생(畢生)의 업(業)이다.

딱정벌레들의 아침

아프리카의 나미브 사막은 해안에 자리 잡고 있지만, 지구에서 강우량이 가장 적은 지역에 속한다고 한다. 그것은 남극에서 흘러오는 벵겔라 한류가 해양성 기류에서 습기를 빼앗아 가기 때문이라 한다. 그러고 나면 차갑고 짙은 안개가 생겨 모래 언덕 골짜기로 이동해 온다고 하는데, 그때 그 언덕 위로 모여든다는 딱정벌레들. 긴 뒷다리를 곧추세우고 다가오는 안개를 향해 일제히 고개를 처박는다는 그들! 그것은 습기가 등껍데기에 닿으면서 만들어 내는 아주 작은 이슬 하나 얻기 위해, 금쪽같은 물 한 방울 얻기 위해, 밤새도록 바람 받고 그렇게 엎드려 있는 것이란다.

이윽고, 기인 밤이 지나고 드디어 등껍질에 맺히게 되는 물 한 방울! 그 위에서 보석처럼 빛나는 딱정벌레들의 아침!! 등을 타고 입 속으로 흘러드는 물 한 방울의 힘! 힘! 힘! 그것이 2억 5,000만 년을 이어온 그들의 생명이다.

끝없는 사막 ··.

그래도 딱정벌레들의 아침은 신선하다.

비 되어 바람 되어 가고 싶다

그늘 한 점 없는 나미브 사막! 이름 그대로 '아무것도 없는 곳'이란 이 사막에서는, 평균적으로 10년에 한 번 정도 비가 온다고 한다. 아프리카 내륙의 열대지역에서 발생한 구름들이 길을 잃고, 길을 잃고 그곳으로 갈 때만이 비가 내린다고 한다. 항상 강한 바람과 먼지 폭풍만이 떠돌던 그곳에 비가 오면, 빗물은 금세 지하로 스며들고 몇 군데에서는 물웅덩이도 이룬다고 하는데, 며칠 후면 수년 내지 수십 년간 모래 밑에서 생명력을 지켜 온 씨앗들이, 씨앗들이 일제히 꽃을 피워 사막을 뒤덮는다고 하는데…….

더욱 놀라운 사실은, 그런 물웅덩이에서 별빛처럼 반짝이는 물고기들을 볼 수 있다는 것이다. 낮은 모래 속을 굴러다니던 물고기알들이 물을 만나면서 깨어나고, 깨어나면서 자라 짝을 찾아 서둘러 알을 낳고, 또다시 모래벌판 속으로 사라지는…….

10년을 기다려 피는 꽃!
10년을 기다려 부화하는 물고기들의 알!
이 물과의 만남, 그것은 새로운 교접(交接)이다.

물은 꽃이다! 물은 물고기다!
사랑하는 마음만큼 풀어 주고 싶은,
남아 있는 나의 기다림 모두
모두 돌려주고 싶은 내 마음.

비 되어 바람 되어 가고 싶다!!

맹그로브 나무를 기리는 노래

씨앗은 희망이요 흙이요 터전이요 생명이다.

씨앗은 특이하게도 나무에 붙은 채 싹을 틔우고, 과육(果肉)을 뚫고 나온 기다란 뿌리는 나뭇가지에서 개펄 바닥으로 떨어져 내리면서 뿌릴 박는다. 물 위에 떨어진 녀석들은 카누처럼 둥둥 떠다니면서 뿌리를 키우다가, 개펄에 닿으면 재빨리 뿌릴 박아 넣는다는 그 맹그로브 실생(實生)들…….

그렇게 뿌리를 박고 나면 줄기에서 층층이 우산살 같은 뿌리를 펼쳐 내린다는 그들. 파도에 몸을 지탱하면서 새로운 가지들을 뻗어 올린다는 그들. 뿌리와 줄기가 촘촘히 뒤엉키면서 갖가지 침전물을 퇴적시킨다는 그들. 그리하여 바닷가에서 숲을 이뤄 새로운 땅을 만들어 낸다는 맹그로브 나무들…….

맹그로브 나무여! 너희들의 뿌리는 각종 물고기들의 집이다. 빼곡한 나뭇가지는 물새들의 쉼터다. 소금기 뱉어내며 키워낸 두터운 이파리는 염소들의 먹이다. 그들이 내는 젖 또한 그곳 사람들의 밥이다. 그러니 맹그로브 나무여! 너는 자부심을 머금고 그곳 아이들의 웃음소리 들으며 멀리멀리 뻗어 가려무나.

맹그로브 나무여! 너는 네 발부리 하나로 새로운 삶의 터전을 일구었다. 아프리카 홍해 바닷가 작은 나라 에리트레아에서 모리티니에서 모로코에서. 네가 만든 땅에는 따로 주인이 없다. 서로 주고받기에 모두가 주인이다. 네가 주인이고, 네게 깃들어 사는 물고기가 주인이고, 새들이 주인이고, 염소들이 주인이다.

맹그로브 나무여! 그 출렁이는 지난한 삶이여! 너는 뜨거운 태양빛 하나로 바다 위에 모두를 위한 새로운 나라를 만들었다. 나는 너희들만큼 끈질기지 못했다. 나는 너희들만큼 헌신적이지 못했다. 나는 너희들만큼 강하지도 못했고, 지혜롭지도 못했다. 그러니 맹그로브 나무여! 내 모든 찬사를 받으라.

맹그로브 나무여! 너는 아프리카 새로운 생명의 모태(母胎)요, 해안을 지키는 방파제이다. 나는 너를 보며 기적을 믿기로 했다. 그러니 맑고 서늘한 그늘 만들며 멀리멀리 뻗어 가려무나. 산업화된 세상, 뜨거워진 이 지구의 종말이 온다 할지라도 나는 믿는다. 네가 네 일을 하는 한 아직 우리에겐 희망이 있다고…….

지금 개펄 위에 맹그로브 씨앗 하나 떨어져 내린다.

바오밥나무 아래 서보고 싶다

척박한 땅에서 무려 5,000년을 이어 산다는 아프리카 바오밥나무 아래 서보고 싶다. 주먹 같은 열매를 주렁주렁 매단 바오밥나무 앞에 무릎을 꿇고, 땅속 깊이 파고 든 그 뿌리 위에 입을 맞추고 싶다. 한 곳에 서서 아무 말 없이 토고 탐베르마족의 주식(主食)이 되어온 그 열매를 먹어보며, 깊은 모성(母性)의 젖줄을 느껴보고 싶다.

그리고 오늘의 아프리카를 이때까지 자연의 상태로 남게 한 그 선물에 감사하며, 그곳 주민들과 같이 춤을 추고 싶다. 그 오랜 세월, 그 아득한 세월. 그들 할아버지의 할아버지, 그 할아버지의 할아버지의 할아버지, 그 할아버지의 할아버지의 할아버지를 먹여온, 그 나무의 깊은 뜻에 다시 한 번 머리를 조아리며 경의를 표하고 싶다.

바오밥나무 그 오랜 열매는 탐베르마족의 밥이다. 검은 대륙 아프리카의 자연을 지키는 어머니이다.

에티오피아에는 커피가 없다

커피나무 원산지 에티오피아에는 커피가 없다. 자생하는 아라비카종 커피나무가 자라는 그 향기로운 땅에는, 가난한 농부들이 끼니로 먹는 커피 죽과 커피 약이 있을 뿐 커피는 없다. 광대한 농장에서 재배되는 커피나무 밭에는 100원짜리 노동과 10원짜리 검은 빵이 있을 뿐, 그곳 어느 곳에도 커피는 없다.

커피전문점에서 흘러나오는 원두커피의 그윽한 향기여! 대중화 되어 우리가 자판기에서 수시로 뽑아먹는 심심풀이 인스턴트커피의 구수한 향기여! 5,000원짜리 10,000원짜리 달달한 카푸치노 커피의 부드럽고 감미로운 거품이여! 그 속에는 자본주의의 지배구조와 유통구조의 모순이, 부풀려진 가격이 숨겨져 있다.

에티오피아 커피나무 밭에는, 땀방울 묻은 커피나무의 붉은 열매만 있을 뿐 커피는 없다. 그곳 고산지대를 오르내리는 등짐 진 아이들의 무거운 자루와 뜨거운 태양과 흐르는 땀방울이 있을 뿐, 농장 어디에도 향기 나는 커피는 없다. 경사진 길에는 그들의 고달픈 생계와 빼앗긴 배움의 꿈과 탄식이 있을 뿐, 커피는 없다.

아프리카 최빈국 에티오피아 땅에는 커피가 없다. 이제 누더기 산 그 소규모 땅뙈기에서조차도 커피나무를 가꾸지만, 그곳 어디에도 커피는 없다. 따야 할 붉은 열매와 무거운 짐과 가마득한 비탈진 길이 있을 뿐, 그 어느 곳에도 커피는 없다. 커피는 꿈을 접은 아프리카 에티오피아 어린이들의 빵이요, 검은 눈물이다.

변경주 선인장의 종말

멕시코 북부 드넓은 사막에는 이름도 재미있는 변경주(邊境柱)라는 선인장이 자라고 있다고 한다. 누구도 지켜 줄 수 없는 작열하는 태양 아래서 마치 국경을 지키는 병정처럼, 꿋꿋이 늘어서 있는 그들 선인장을 볼 때면 자연 그런 생각을 갖게 할 수도 있으리라.

그런데 그런 황량한 지역 최악의 조건 하에서도 결코 굴하지 않고 살아오던 그들이, 가끔 비를 만나게 되면 아니, 오랜만에 흠뻑 비에 젖어들게 될 때면, 외려 그런 조건 하에서 쓰러져 죽게 되는 놈들이 속출한다고 한다.

그것은 모처럼 비를 만난 그놈들이 맘껏 욕심 부려 줄기 가득 물을 빨아들이고, 그리 무거워진 거대한 기둥처럼 서 있던 그 변경주 선인장들은, 약해진 모래 지반 위에서 자신의 몸무게를 지탱치 못하고 넘어져 뿌리를 하늘로 쳐든 채 말라 죽어간다고 한다.

욕심, 그 넘치는 욕심! — 멕시코 변경주 선인장들을 쓰러져 죽게 하는 것은, 그 메마른 모래벌판도 작열하는 태양 빛도 아니다. 그것은 그를 살려 온 물이다. 물기만큼이나 많은 그들의 욕심이다!

2

숲속에서 얻은 시

묵시(黙示)

아무리 협소하고 빽빽하여도
나무들은 서로서로 비켜 자란다.
어느 하나 부딪치거나 밀치는 법 없이

가르침을 위하여
나는 지금 촘촘한 그들 앞에 서 있다.

숲속에서

나무들로 그득한 가을 산에 오면 가끔 보게 되는 것들이 있습니다. 겨울잠에 들기 위해 아니, 겨울을 나기 위해 열심히 준비하는 다람쥐들 말입니다. 익어 땅에 떨어진 도토리며 상수리 아니면 알밤을 주워 나르는 그들 말입니다. 나무 구멍이거나 바위 틈서리에 숨기는 것도 있지마는 대개 땅을 파고 그것들을 저장하는 그 우둔한 녀석들 말입니다. 머리가 둔하여 자신들이 숨겨 놓은 먹이의 열에 두 알 정도밖에는 기억을 못하는 그들이지마는, 그놈들이 있기에 우리는 나무들로 그득한 이런 수풀을 보게 되는지도 모릅니다. 낙엽이 덮이고, 눈이 내리고, 봄이 되어 비가 내리면 그 잊혀진 땅속의 열매들이 싹을 틔우고, 또다시 그들의 숲으로 그들의 먹이로 자라 오르게 된다는 그 자연스런 사실들을 아는 이 얼마나 될까요. 나는 지금 그들의 숲속에 있습니다. 작고 귀여운 그리고 그것들의 그 우둔한 머리가 만든 이 아름다운 숲속에서 나는 그리 살지 못했음을 부끄럽게 여깁니다. 알맞게 먹고 알맞게 나서 알맞게 자라는 이 산의 신비로운 조화에 젖어 홀로 생각에 잠겨 봅니다. 아무도 없지만 늘 배움이 있는 이 숲속에서……

산소리

적막한 산 속. 전나무 빽빽한 겨울 숲을 걸어간다. 문득, 어디선가 들어본 듯한 소리! 오랜만에 또다시 들어보는 소리. 반갑구나!

딱따다다 딱따다다, 딱따다다 딱따다다 …….

나무 두드리는 소리 선명히 들려온다. 가만 가만, 사람이 온다고 경계하는 소리인가. 자신의 세력권을 알리는 소리인가. 아니면 짝을 찾는 소리인가. 나는 나무를 쪼아대고 있는 까막딱따구리의 모습을 훔쳐본다. 목욕하는 선녀의 모습을 훔쳐보듯 숨어서 바라본다.

딱따다다 딱따다다, 딱따다다 딱따다다 …….

동면기(冬眠期)의 산! 그 깊은 잠을 깨우듯 또다시 들려오는 소리. 살아 있음의 소리. 나무를 깨우는 겨울 산의 새! 또 한 마리 날아온다.

물방울의 아침

비 갠 아침!

상쾌한 마음으로 숲속 길 걸어간다. 문득 보석처럼 반짝이는 물방울들. 나는 잠시 발길 멈추고 이파리에 맺힌 물방울 하나를 본다. 가만히 들여다보고 있다.

투명한 물,
그 속에 비추어진 맑고 푸른 숲!
신기하다.

물방울 속의 물방울, 물방울 속의 물방울에 비추어진 내 얼굴, 물방울 속에 싱싱히 살아나는 숲과 하늘.

그 속에 너와 내가 있다. 온 세상이 살아 있다.

꽃 속 둥지

따뜻한 봄! 좁은 숲길을 가다 저만치에 소담스럽게 모여 핀 진달래꽃 한 떨기를 본다.

그때 뛰어오르듯 포르르 날아오르는 때까치! 그 날아간 꽃 숲에서 둥지 하나를 본다. 저쪽에도 어미 새 한 마리 앉아 있다. 경계하는 눈빛으로…….

오! 놀라워라. 꽃으로 위장된 보금자리 안에 비좁도록 들어앉은 네 마리의 새끼! — 노란 주둥이, 동그란 눈, 짧은 깃털. 오, 귀엽구나!

때까치 가족. 꽃 속에 숨어 자식들 날개 키우며 하늘 보고 있었구나. 파란 하늘, 떠가는 구름 바라보고 있었구나.

산 앞에서

하늘 그린
네 모습 바라보면
부인할 수 없는 일이 생각난다.
너처럼 높고 의젓하게 살겠다던
그 옛날 그 맹세가

나무가 흔들린다고
산이 움직이는 것은 아닐진대
옷깃만 바람에 날려도
몸을 움츠리며 마음 흔들던 나
한낱 솔빛 아래 부끄럽다.

움직이지 않는 너이기에
흔들리는 나이지만
나는 어디에서고
너를 볼 수 있었다.
세월 가고 인정 변해도

저리 흔들리는 것들을 품에 안고
언제나

너처럼 높고 의젓하게 살겠다던
그 옛날 그 맹세가
또다시 겨울바람 앞에 흔들린다.

나
이제
다시 너를 바라봐야 할 때.

숲의 시인

마을 먼 숲 속에 한 시인이 살고 있었습니다. 그는 말을 많이 하기보다는 적게 하며 살았고, 적게 하며 살기보다는 아예 하지 않으면서 살기를 원하는 듯 했습니다. 그는 라디오도 텔레비전도 없는 숲 속에서 벌이나 풀벌레 아니면, 새소리 바람소리를 들으며 풀처럼 나무처럼 그렇게 살아가고 있었습니다.

매화 피던 어느 봄!

내가 하 궁금해서 외롭고 심심해 이 숲에서 어떻게 사느냐고 물어 갔을 때, 그는 아무 말도 하지 않은 채 그저 미소로써 대답해 주었습니다. 말을 아껴 써야, 말 수를 줄여 나갈 때만이, 아무 말도 하지 않을 때에 이르러, 우리의 귀는 비로소 열리게 되어 있다고 웃음으로 말해 주었습니다. 그렇게 되어 자연의 소리를 듣게 되면, 말없이도 살 수 있는 것이라고, 외로움도 타지 않는 것이라고, 숲의 모든 생물들이 말을 하지 않고도 살 수 있는 것이 바로 그런 것이라며, 그저 눈짓으로 이야기해 주었습니다.

때로 읽기도 하며, 깊은 생각 속에 글을 쓰며 살던 그는, 그 날도 매화 웃음소리를 듣고 있었나 봅니다.

오월 아침

계절은 봄
때는 아침
신록의 새 숲속을 걸어간다.

펄 펄 펄 내려나는 꾀꼬리. 오! 반가워라. 계단 뛰듯 날아 내리는 꾀꼬리. 올해도 이 숲의 주인 되어 돌아왔다.

저리, 새 숲에 선명히 드러낸 몸색! 너로 하여 나는 시력을 되찾는다. 갑자기 밝아진 눈! 온 세상이 밝아졌다.

새

숲길을 간다. 새로 나온 잎새에 연둣빛으로 쏟아지는 햇살! 오리나무 가까이서 먹이를 쪼아 먹던 새들. 나를 본 듯 푸르르 날아간다.

얼마만큼 날아간 그들. 이제는 꽃 수풀 속에서 지저귄다.

ㅡ 새들은 날개가 있기에 내일의 먹이를 걱정하지 않는가?

먹이를 저장하지 않는 새.

그러기에 그들은 언제나 자유로울 수 있다.

숲속 풍경

생강나무 꽃이 여기저기 무더기로 피어있는 산길을 간다.

갑자기 길을 가로질러 떨어지듯 내려앉는 까투리. 이어 온 산에 경고하듯 소리를 내지르며 따라와 앉는 장끼!

나를 보았음인지 노랗게 부풀은 생강나무 꽃 숲으로 기어든다. 쌍을 이뤄 기어드는 그들의 모습이 아리땁다.

산길을 다시 걸으며 숲 속에서 벌어졌을 그들의 모습을 그려본다.

꿩의 병아리들 머지않아 어미 따라 또다시 저 산비탈을 내달릴 것이다.

가을 숲길

낙엽을 어깨에 받으며 숲길을 간다.

옷깃으로 흘러내리는 마른 나뭇잎의 무게
– 바람처럼 가볍다.

낙엽 떨구는 나무로부터 자립과 자율의 엄격함을 또 다시 배우는 날.

나는 그들 속에 한 그루 나무 되어 서 있다.

잣나무 숲

아주 천천히 숲속 길 간다. 시간이 흘러가는 것을 느끼기라도 하듯이. 가다가 멈추고, 가다가 멈추면서 푹신하게 낙엽 쌓인 길을 따라서 간다. 내가 가는 것이 아니라, 다가오는 숲속 모든 사물들을 맞이하기라도 하듯이…….

나무를 보며, 나뭇가지를 보며, 가는 솔잎 하나하나를 헤아려본다. 목덜미에 떨어져 내리는 바늘잎의 촉감! 누런 솔잎이 소리 없이 떨어져 뿌리를 덮는다. 성글어진 바늘잎 사이로 파랗게 드러나는 하늘!

— 숲은 눈 맞을 준비를 하고 있다.

겨울 숲속

가을 후, 넓어진 하늘 드러난 잔가지 사이로 한 줄기 바람이 스쳐 간다. 산책길에서 문득 보게 된 낙엽 쌓인 빈 둥지와의 만남!

'쓸쓸하여라' 홀로 외일 때, 가장 따뜻한 벌레들의 잠자리가 되어 버린 둥지 속에 또다시 내려 쌓이는 눈, 눈, 눈, 눈…….

저만큼 동면(冬眠)하는 쐐기집 하나 아늑하다.

살아 있는 숲

새하얗게 눈으로 뒤덮인 숲 속.

어디선가 재잘거리는 소리 들려온다. 잔가지 흔들리는 곳에서 날아오르는 새들! 날 부르듯 흩어져 난다.

눈 위에 찍혀 있는, 문득 다시 보게 되는 반가움. 노루임이 분명하다. 그 옆으로 이어진 그를 따른 작디작은 발톱 자국…….

새들의 재잘거림 뒤로 하고, 발자국 따라 숲으로 간다. 냇가에서 끊겨, 저만큼 다시 숲으로 돌아간 자국! 물만 먹고 갔다.

지난 늦봄 태어났던 어린 새끼, 비틀비틀 학의 다리 같던 노루새끼, 어딘가에 살아 있다.

늪가 풍경

물 한 방울 묻히지 않고 물위를 잘도 걷는 소금쟁이, 물위에도 앉는 가냘픈 물잠자리 한 마리가 수초(水草) 위에 앉아 있다.

저리 아름다운 것들은 대개 연약하다. 그러기에 아름다운 것인지도 모르지만…….

갈대 숲 헤치고 나온 개개비 한 쌍이 물위를 스쳐간다. 떠오르던 물방개, 놀랐는지 다시 발을 저어 물 속 깊이 잠수한다.

저리 살아 있는 것들을 지키려는 듯, 엉겅퀴 둑 위에서 환한 등불 밝히고 있다.

3

고향 시편

고향 산책
따뜻한 시선
나무와 새
냉이꽃
고향 숲길
푸른 풀밭
사월의 산
여름나무
은행나무
물가에서
겨울 강
이별 앞에서
달밤

고향 산책

오랜만에 찾은 고향.

옛길 그리워 아이들 손을 잡고 걸어간다. 눈에 박힌 산길 따라 옛 추억 더듬으며 걸어간다. 아, 다시 보게 된 산토끼들의 저 숨김없는 흔적! 온기가 남아 있을 것도 같은 반지르르 윤기 흐르는 똥! 똥! 똥! 똥! …….

소박한 풀잎 먹고 눈 이 세상에서 가장 깨끗한 똥! 가장 정직한 똥! 살아 있음의 증표. 오, 반갑구나!

다시 느낀 고향 산의 숨결.

억새풀 우긋한 밭두렁엔 푸드덕 산 꿩도 날아간다.

따뜻한 시선

밤새 눈이 내려 세상이 온통 하얗게 뒤덮여 버린 눈부신 아침!

그런 아침이면 간혹 보게 되는 그 흰 눈 위에 선명히 찍혀 있던 알 수 없는 날짐승들의 작은 발자국!

그것에 이끌리던 애틋한 시선…….

하여, 발자국 따라가다 보면 가 닿게 되는 누런 짚가리. 포르르 날아가는 새들의 몸짓. 그 양달쪽에 노랗게 파헤쳐진 보금자리의 흔적!

그 지푸라기에 묻어 있던 깃털 비린내와 그들의 온기, 36.5°C보다 더 따뜻한 그들의 온기…….

나무와 새

울타리 삼아 심은 나무에 추운 겨울 날 갑자기 새 떼가 날아왔다. 꽁지깃이 노랗고, 특히 깃털이 아름다운 잿빛 갈색의 황여새 무리였다. 매우 빛나는 날개를 가진 굵직굵직한 이국적인 모습의 그들은, 모여 앉기만 하면 시끄럽게 떠들어댔다. 마치 먼 나라의 이야기를 들려주기라도 하는 듯…….

그들은 아침이면 뒤란에 떼로 모여 또한 나의 잠을 깨웠다. 그럴 때면 나는 지창에 붙여 넣은 유리조각을 통해 그들을 관찰했다. 그리고 잠든 앵두나무를 깨우는 그들의 노랫소리에 나도 함께 취하였다. 그들은 산자락에 위치한 고향 집 주위를 떠돌면서 겨울 내내 그렇게 생활했다.

갑자기 고요해진 어느 날. 햇살은 빈 나뭇가지 사이로 쏟아져 내려왔고, 그들의 수다처럼 자잘한 꽃잎이 온통 나무를 하얗게 뒤덮었다. 나는 그제야 그들이 남기고 간 이야기가 무엇인지를 알 수 있을 것도 같았다. 그들에 대한 그리움이 빨간 열매로 닥지닥지 맺히던 날! 나는 그 나무 곁에 서 있었다.

냉이꽃

냉이, 그들은 온다. 봄날을 꿈꾸는 겨울의 끝에서 언 땅을 딛고 서서히 우리들에게로 온다. 이른 봄 봄 내음 향긋이 머금고 국이거나 죽거리 또는 무침이거나 김치로 우리의 식욕을 돋우어 주었던 그들…….

나는 요즘 흙길을 오가면서 잠시 잠깐 들여다보는 것이 있다. 그것은 다름 아닌 냉이꽃. 냉이라는 보잘것없는 들풀에 꽃이라는 이름 붙임이 적당한 것인지는 몰라도, 분명 꽃은 꽃이기에 나는 꽃이라 한다.

그들을 보면 왠지 눈물과 함께 그리움이 피어나고, 초가삼간 옛 고향집이 떠오른다. 어린 시절 길게만 느껴지던 춘궁기. 해마다 그럴 때면 꽃씨로 전해졌던 그들. 일제 수탈의 모진 고개를, 민족 동란의 잿더미 속을 그들은 넘어서 왔다. 언 땅속에서 따뜻이 눈을 뜨고, 메마른 들녘 구석진 저편에서 늘 약속처럼 왔다. 어머니나 누이들의 살뜰한 손끝에 의해, 우리 집 밥상에서 한 그릇 죽으로 친숙했었다. 이 땅의 가장 실 같은 뿌리로, 끈질기게 면면토록 목숨 이어 준 그들. 그들은 또한 내 생명의 한 가닥 실뿌리였는지도 모른다.

굽이도는 산자락 끝. 거친 묵정밭을 터전으로 줄 것은 주고, 뿌리째 주고, 남아 핀 자잘한 냉이꽃. 눈곱처럼 싸라기처럼 밥풀처럼 하얗게 눈을 뜬 꽃. 황사바람 희부옇게 이는 봄날, 흙먼지 속에 풀처럼 나부끼고 있는 꽃. 누가 일러 너를 꽃이라 불러 주랴. 누가 있어 너의 삶을 삶이라 불러 주랴. 너를 보면 흙 속에 묻혀 이름 없이 살다 간 내 어릴 적 외할머니가 생각난다. 홀아버지 돌보던 묘지기 외딴집 순이 얼굴 생각난다.

흐르는 구름 스치는 바람이 너를 보듬고 갈지라도, 멧새 몇 마리 너의 모습 보아 줄 수도 있겠지만, 나는 눈길 돌려 너를 본다. 나 아니면 보아 줄 이 없을 것 같아…….

냉이꽃, 내가 너를 보고 있다!

고향 숲길

숲길 거닐다 나는 본다. 그늘 밑에 옹기종기 돋아 있는 하얀 버섯 몇 송이를. 지탱하는 기둥 하나에 비이슬 가려 줄 지붕 하나! 스며든 햇살에 새하얗게 빛이 난다.

산다는 것에 대해 가장 단순하고도 명료한 것을 내게 보여 주는 저것들 앞에서, 나는 내가 걸을 내일을 본다.

고향에 와 나를 키운 흙을 보면, 길이 나를 불러 그런 길로 이어 닿게 한다.

푸른 풀밭

푸른 풀밭.

발길 기척 아래 방아깨비 한 마리가 날아간다. 연둣빛 고운 날개를 펼치면서 …….

언뜻 비쳐진 속날개! 날개는 풀잎의 속심처럼 순결하다.

풀밭에서 풀잎 같이 살다보면, 저렇게 풀빛으로 물이 드는 것일까? 툭툭 뛰어오르는 그것들 앞에서 나는 새로운 삶의 환희를 맛본다.

하긴 나도 한때는 그런 때가 있었다. 풀밭의 그리움이여! 푸른 날개여! 나를 이끌어 다오. 너와 함께 할, 같이 어울릴, 네 빛 속의 네 빛으로…….

사월의 산

때는 사월. 고요한 산 옆을 지나다 고함소릴 듣는다.

이맘때면 들려오던 소리. 이맘때면 눈으로 비쳐드는 소리! 해마다 나를 부르는 고함소릴 듣는다.

여기저기 커다란 꽃으로, 한 송이 꽃으로 피어오르는 소리. 두 팔 벌려 온몸으로 내지르는 소리!

발 멈추고, 나는 산벚나무의 고함소리를 듣는다. 바라보고 있다. 참으로 아름다운 강산이다.

여름나무

아침 일찍 일어나 다시 정다운 나무들을 바라봅니다. 저리 눈부신 햇살들이 나무 위로 쏟아져 내리는 광경을 지켜보며 나는 오늘도 한 잎 푸른 마음을 가져 봅니다.

어둠 속에서도 눈 감지 않고 별빛을 우러르며 밤새 떠도는 바람 속 이슬 모아, 한 치 높푸른 가지로 키워 올리는 싱싱한 여름나무 한 그루를 바라봅니다.

무덥던 여름 내내 보다 높게 발돋움하며 팔 펼쳐 시원한 그늘을 넓히어 주고도, 폭염 속에 그늘 한 번 찾지 않는 꿋꿋한 여름나무 한 그루를 바라봅니다.

그리하여 넉넉해지는 마음 나는 또다시 거리로 나서고 이따금 마주치는 그네들의 낯익은 얼굴들을 맞이합니다. 밤이 와도 눕지 않을 그네들의 폭 넓은 치맛자락 밑을 걸어갑니다.

그저 조용히 서 있는 것으로써 그늘이 되어 주고, 안식처가 되어 주는 나무, 집이 되어 주는 여름나무 한 그루를 꿈꾸어 보며 나는 길을 걸어갑니다.

은행나무

아버지는 식목일을 맞아 뒤란 양지바른 곳에다 재래종 은행나무 한 그루를 심으셨다. 내 생전은 물론 네 생전에도 열매 보기는 어렵겠지만, 이렇게 심는 사람 있어야 언젠가는 거두는 후손도 있을 게 아니냐며 아버지는 정성스레 심으셨다.

나도 아버지 말씀 듣고 그 맞은편에 그 같은 은행나무 하나 심었다. 그래도 아버지에 비해 35년이나 앞서 심었으니, 내 생전에는 힘들겠지만 자식 생전에는 열매 볼 것 아닌가 하여 홀로 꿈을 갖고 심었다. 난 훗날 아들에게 말할 것이다. 너는 보다 일찍 심어 보라고.

그 옛날 스피노자라고 하는 철학자는 "내일 이 세상의 종말이 온다 할지라도 나는 오늘 한 그루의 사과나무를 심겠다."고 말했다 한다. 그렇게 말하는 사람도 있을진대, 우리 오늘 같은 내일 있고 또 거두어 줄 자손 있으니 더 말해서 무엇 할까.

난 심고 난 후 잠시 먼 훗날을 그리어 보았다. 쭉 뻗어 커 오른 은행나무 그늘 이루고 더러 새들도 날아와

한 소절 노래 부를 때, 적어도 내 거기 있음을. 어느 깊어진 가을 휘영청 달빛 아래 노오란 은행잎이 고요히 지는 뒤뜰, 성숙한 딸아이와 내 거기 서 있음도.

물가에서

물이 맑아 가던 길 멈추고 화양동 냇가에 앉아 발을 담근다.

투명한 물속에는 조약돌들이 빛나고, 푸른 하늘 속 흰 구름이 보인다. 피라미들이 그 구름 위에 와 논다. 그러더니 어느새 주둥이로 툭툭 내 다리를 건드려 오는 녀석들. 물속으로 가만히 손바닥을 밀어 넣는다. 눈이 큰 작은 물고기들 겁 없이 다가온다. 두려움도 모르고 손아귀 안에 와서 논다. 꼬리지느러미로 장난치듯 간지럽힌다.

물은 바위를 휘감으며 골짜기 따라 흘러가고, 숲속에선 산새소리 물 흐르듯 다가온다.

겨울 강

물소리 고요히 얼어 버린 차고 맑은 아침 강에 나와 섰다. 간밤에 온통 첫얼음이 지고, 바람조차 결빙된 겨울이다.

언뜻 비치는 움직임! 아, 물고기 한 마리 꼬물대며 물속을 간다. 얼음 딛고 들여다보는 투명한 강! 강은 꿈속처럼 살아 있다.

이별 앞에서

냉이여, 쑥이여,
저 도랑 건너 푸른 잔디여!
네 갈 곳 어디냐고 묻지를 말아 주게.
바람에 불려가는 이 몸
떨어지는 곳 내 살아갈 곳 아니던가.

한겨울 지나
눈 쌓인 언덕에
새로이 따스한 봄볕 내리면,
혹 우리 만날지도 모르지.
그때 우리 함께한 그날들을
기억하기로 하세.

그때에도 난
낯선 땅 그 어느 곳에서
또다시 푸른 잎으로 살아가겠지.
하염없이 노을빛 사랑하다가
혹은 반짝이는 별꽃을 헤이다가
아침이면 꽃으로 사는 곳을 장식할지니…….

바람아!
이제 불어나 다오.
그리고 그대들 모두 잘들 있게나.
난 어디에서고 그리 살다
때가 되면 또다시 떠나가는 민들레꽃씨
바람 타고 훌훌히 떠나가는 갓털꽃씨.

달밤

보름달 강물 소리
억새밭을 씻어 놓고
늦은 밤 기러기 떼
먼 하늘을 날아가네.

4

낮은 소리를 내는 사람은

늘봄 집의 꽃

'늘봄'이라는 꽃집에 들어서면 아직까지도 내겐 두근거림이 남아 있습니다. 나이를 먹었음에도 그러한 마음이 예나 지금이나 변함이 없습니다. 그저 아름다움을 보고, 아름다움을 생각하고, 모두에게 그렇게 대하고 싶은 마음이 들 뿐입니다.

갖가지 꽃들이 저마다 화사히 웃는 그 사이에 그녀가 있습니다. 배시시 웃음꽃 피우는 그 얼굴. 프리지어 꽃무늬 블라우스에 수국빛 치마를 팔랑이며 재빠르게 걸어 다니는 그 꽃집의 아가씨 말입니다.

가끔 머리카락 속에 안개꽃 송이가 떨어져 있기도 하는 그녀! 그녀의 손끝엔 향긋한 풋내음이 남아 있을 것도 같고, 몸속에 꽃내음이 배어 있는 것도 같은 그 모습엔 늘 향기로움이 있습니다. 생긋생긋한 말씨에 묻어나는 향기가 더욱 그러합니다.

지상의 모든 꽃향기가 배어 있을 것도 같은 그녀! 그녀의 모습은 어느 꽃보다도 아름답습니다. 그것은 그녀에겐 언제고 시들지 않는 웃음이 남아 있기 때문인가 봅니다. 그러기에 늘 봄처럼 느껴지는 그 집. 그 집에서 나는 오늘도 배시시 피어나는 그 꽃잎을 봅니다.

내가 사랑한 것도 같은 그 아이

우표 속 같은 작은 시골 마을에 한 소녀가 살고 있었습니다. 어릴 적 내가 살던 그 마을 한 오두막에 그 아이는 살았었습니다. 아주 작고 가냘팠던 그 아이. 달보다도 별, 별 중에서도 한 점 작은 별들을 더욱 사랑했던 그 아이. 사라지는 별똥별을 사랑했던 그 아이. 강아지, 토끼, 병아리 그리고 냇가의 피라미 새끼거나 송사리 따위를 무척이나 사랑했던 그 아이. 조약돌보다는 공깃돌, 공깃돌보다는 모래알을 더욱 좋아했던 그 아이.

그 언제던가, 냇가의 부드러운 모래알에 자기 얼굴 대어보고 이야기 듣듯 귀 기울이던 그 아이. 길의 조그마한 개미를 이리저리 피해 걷던 그 아이. 안개꽃 같은 작은 들꽃들을 더욱 사랑했던 그 아이. 시골 초등학교 선생님이 됐음 직한 그 아이. 한번쯤 만나보고 싶은 그 아이.

시인으로 남은 사람

옛날에 사냥에 나선 사냥꾼들이 있었다고 한다. 그들은 드디어 사슴을 발견하고 그것을 뒤쫓아 가기 시작하였다고 한다. 한눈팔면 놓칠세라 산도 보지 않고, 목이 말라도 다리가 아파도 결코 멈춤이 없이 그저 사슴만 따라갔다고 한다. 열심히 따라갔다고 한다.

얼마만큼 달려가던 그들이 고요한 자작나무 숲에 이르렀을 때, 그 중 한 사람이 멈추어 서서 하얗게 떨어져 내리는 싸락눈이 가랑잎 사이로 굴러드는 광경을 지켜보았다고 한다. 그 오묘한 음향에 이끌려 귀 기울이며 가만히 서 있었다고 한다.

낮은 소리를 내는 사람은

낮은 소리를 내는 사람은 낮은 소리를 들을 수 있나 봅니다.

시골에서 순수한 영혼을 지키며 조용히 살아가던 한 시인이 있었습니다. 그는 어느 날 나뭇가지에 매달려 있는 연초록빛 고치 하나를 보고 산책길에서 내게 들려준 이야기가 있습니다. 자그마한 알에서 깨어 나와 그저 푸르른 잎을 먹고 다시 완전변태를 꿈꾸며 실을 자아 집을 지었을 그 따뜻한 보금자리를 보고 – 자그마한 집 속에 제 몸을 감추고 긴 휴면 상태에 빠져 있을 그 고치에 귀를 대고 – 그는 나직한 목소리로 내게 아직 번데기의 숨소리가 남아 있다고 말해 주었습니다. 그리고 뻐꾸기 소리가 고요한 이 고치 속을 울릴 때면, 또다시 신비로운 울림들을 들을 수 있을 것이라며…….

기인 겨울이 지난 어느 날. 나는 길거리에서 우연히 그를 만났었는데, 그때 그는 내게 또 살짝 들려 준 이야기가 있습니다. 어느 날부터인가 그 고치 안에서 입과 생식기가 만들어지고, 어제는 다리와 날개가 만들어지는 소리를 들었다고!

낮은 소리로 전해졌을 그들의 탄생! 축하! 축하!! 나는 그제야 우둔한 머리로 그것을 그려볼 수가 있었습니다. 봄 숲속에서 수평으로 날고 있을 고치에서 갓 나온 그 유리산누에나방 한 마리를. 그리고 그 시인이 내게 남겨 놓고 간 그 아리따운 시 한 편을.

지리산 대나무

겨울 지리산을 등산해 본 사람이면 누구나 알 수 있을 것이다. 어딜 가나 지천으로 깔려 있는 그 산죽(山竹)이라 불리는 앉은뱅이 대나무를. 먼 데서 언뜻 보면 산은 온통 회색빛 나무로 보이지만, 낙엽 진 수풀 속을 가만히 들여다보면 실은 그 푸릇푸릇한 대나무로 뒤덮여 있는 것을.

아주 가마득한 먼 먼 날에 처음 그곳 구름 위에 산이 솟고, 지금까지 1915미터 그 높이만큼 무거운 웅장한 산의 높이를 지탱하는 힘! 그것이 무엇인가라는 의문을 거기에 가 본 사람이면, 아마 한번쯤 가져 보았을지도 모른다.

얼마 전 나는 또 그 겨울 산엘 갔었다. 그때에도 그들은 여전했고, 나는 산길을 오르면서 보고 또 보았었다. 그 거대한 산의 밑동을 이루면서 뗏장처럼 촘촘히 깔려 있던 그늘 밑 그 앉은뱅이 대나무를. 그리고 땅 밑으로 뻗어 든 그 억센 줄기들을.

아마 그때쯤이었을 것이다. 발밑으로 뻗쳐 나간 그

무수한 뿌리들이 유실되는 남한 본토 제일의 높이를 감싸 안고, 어쩌면 수만 세월 이 거대한 산에 하나로 연결돼 있을지도 모른다는 그 전율 같은 깨달음에 이르른 것이. 그러자 갑자기 평탄하던 산길조차 아스라한 높이로 흔들리며 어지러웠던.

그렇다! 깎여 내리거나 무너져 내리기 쉬운 우리가 우러러보는 고고한 높이는, 흔히 높은 것이 높아서가 아니라 언뜻 보아 잘 보이지 않는 곳에서 그 밑동을 감싸 안고 떠받치는 힘이라는 그것을, 나는 그때 보고 또 보았었다. 지리산 그 앉은뱅이 대나무 푸른 잎에서.

높은 것들을 높은 것들로 있게 하는 낮은 것들의 존재여!…….

외딴집

마당가에 마른 강아지풀과 옥수숫대가 서 있는 어느 시골 외진 곳에 한 노인이 살고 있었습니다. 고요만이 켜켜이 쌓여 있는 울안엔 가끔 십년을 넘게 기른 개와 역시 십년을 넘게 기른 수탉과 암오리가 그저 어정거릴 뿐이었습니다. 그들은 그만큼 오래 전에 얻어 왔거나 또는 자식들이 먹거리로 사온 것들이었습니다. 그러나 홀로 외롭게 살아가던 그 노인이 하루 이틀 먹이를 주고 돌보다보니 자신을 알아보고 따르게도 되었고, 그리 한두 달 기르다 보니 외려 그가 그들에게 정들어 버렸던 것이었습니다. 그리하여 잡아먹기보다는 기르는 것으로써, 기르는 것보다는 벗하는 관계로서 쓸쓸한 집에서 그들과 더불어 이때까지 살아온 노년기였습니다. 이제 그들도 늙어 그들의 가치를 잃었지만 죽을 때까지 기를 수밖에 없는 그들이었습니다. 아침이면 깨워 주고 저녁이면 짖어 주어 그들로 하여 건강히 생활할 수 있었기에 즐거이 그들에게 먹이를 주고 모이를 주며 보살폈던 것이었습니다. 간혹 그들이 짖어 주고 울어라도 주는 때면, 다시금 솟구치는 자식 생각에 귀를 기울여 보거나 또는 산모롱이를 내려다보기도 하면서 생활하는 노인이었지만. 이렇듯 오랜 세월 그런 것으로 말미암아 노인은 그들과 더불어 이야기할 수 있었고 또 그들의 말을 알아들을 수도 있었습니다.

그러던 겨울! 며칠을 두고 눈이 내리고 눈이 내려 고요하던 어느 날. 한낮이 기울고 또다시 다음날 아침이 되어도 그 노인의 모습은 보이지가 않았습니다. 며칠을 짖어대던 개 울음소리도 닭 울음소리도 나직이 잦아만 드는데…….

서해안 완행열차

가끔 볼일 있어 서울 가다오다 타게 되는 완행열차. 돈도 돈이지만 그 현기증 나도록 빨리 달리는 새마을호 특급열차. 그보다 천천히 바깥 풍경 보며 가는 이 열차가 나는 좋다. 터널 속을 지날 때면 유리창 너머로 비쳐드는 내 자신의 외론 얼굴도 보게 되는, 덜컹거리며 가는 이 느려 터진 완행열차가 나는 좋다.

기찻길 옆 도로에선 경주하듯 자동차들이 달린다. 택시도 추월해 가고, 트럭도 추월해 가고, 버스도 추월해 간다. 갈 테면 가라지 뭐 나는 이렇게 간다.

하루 두 번밖에 다니지 않는 이 비둘기호 완행열차. 열차는 자신을 뒤쫓아 오는 새마을호 특급열차에게 질겁하듯 길을 내주고, 무궁화호 급행열차에게도 어서 가라 길을 내 준다. 그러면서도 장사하는 아줌마만 몇 내리는 탈 사람도 없는 낯선 간이역에서 한참이나 더 머뭇거린다. 갈 테면 가라지 뭐 나는 이렇게 간다.

좀 더 천천히 간들 어떠랴. 홀로 남아 간들 또 어떠랴. 이렇게 논두렁에 핀 자운영 꽃 눈여겨보고, 그것도 지치면 노을 번진 바닷가 풍경도 즐기며 가고, 어둑한 하늘로 떠오른 초승달 벗 삼아 보고 가면 되는 거지 뭐. 오두막집 저녁연기 벌써 끊어져 지창으로 새어나오는 노란 불빛들, 쉬엄쉬엄 보고 가면 되는 거지 뭐.

갈 테면 가라지 뭐 나는 이렇게 갈 테니…….

어느 시인의 뒷모습

표본을 채집하기 위하여 산야를 헤매는 식물학자처럼 말을 찾아 온통 세상을 헤매고 다니는 한 사나이가 있었습니다. 그는 무엇보다도 어린 아이들과 이야기하기를 좋아했으며, 그런가 하면 나이 많은 노인들을 붙들고 한 나절씩이나 이야기를 이끌어 내기도 하였습니다. 더구나 사람들이 들끓는 시골 장터에서 우리들의 뼛속 깊이 스며 있는, 가장 가슴 깊이 스며 있는 말 한 마디를 찾아내기 위하여 종일토록 헤매고 다녔습니다. 어떤 때는 크나큰 산맥 아래, 어떤 때는 긴 강이 감돌아 흐르는 외진 마을에서도 누군가가 그의 모습을 볼 수 있었다고 합니다.

잎이 지고 찬바람 불던 어느 날. 그 날도 그는 우리 인간이 창조한 가장 순결한 언어를 찾아서, 신이 내려 준 최초의 말을 찾아서 걸어가고 있었습니다. 우리가 우리라 불렀던 가장 고결한 말이 무엇이었을까 골똘히 생각도 해 보면서, 그는 홀로 그 아득한 다음 마을을 향하여 걸어가고 있었습니다.

따뜻한 집

늘 따뜻한 세상을 그리는 집 없는 한 시인이 있었습니다. 그는 밤새 깊은 생각에 잠겨서 말들을 찾고 또 찾았습니다. 이 세상에서 가장 따뜻한 말들을 찾아 가끔은 홀로 거친 벌판을 헤매기도 하면서 오직 그런 말들을 찾아 모아 갔습니다. 이 세상에서 한 번도 쓰지 않은 가장 순결한 언어로 이 세상에서 가장 따뜻한 집을 짓기 위하여, 새벽 쓰린 뱃속을 쓸어내리며 아침을 맞이하던 그 시인이었습니다. 그러던 어느 추운 겨울날 그렇게 떠돌던 그 시인이 어느 허술한 집, 외진 방, 그 냉돌 위에 배를 깔고 죽어 있는 것이 발견되었습니다. 그렇게 엎드려 시를 짓다가 죽었으므로 그를 일러 보는 모두는 '얼어 죽은 시인' 이라 일컬었지만, 그는 아무도 모르게 그가 만든 이 세상에서 가장 따뜻한 집 속에 머물러 있었습니다. 다만 그들이 미처 알아내지 못했던 것뿐이었습니다. 그가 찾아낸 이 세상에서 가장 따뜻한 말 속에 그가 영원히 숨어 살고 있었던 것을.

숲을 그리는 나무

지난밤엔 바람이 몹시도 불었다.
나는 홀로 선 나무를 생각했다.
의지할 것 없는 그 나무는
무척이나 숲을 그리워했을 것이다.

마을 멀리 홀로 선 나무를 보면
왠지 모르게 늘 그에게로 가고 싶다.
하나의 벗이 되어 주기 위해
나무로써 숲이 되어 주기 위해…….

발걸음을 옮겨 그에게로 간다.
그의 곁에 한 그루 나무되어 선다.
하면 그늘 내려 나를 싸안고
그 사이 새소리를 덤으로 들려준다.

홀로 되어 본 나무만이 더 잘 안다.
함께 하는 즐거움도 외로움도
우리 모두는 숲을 그리는 나무다.
내가 너의 나무면 너도 나의 나무다.

5

삶의 낙수(落穗)

다시 온 오월

때는 오월
밝은 아침.

푸른 잎은 온통 지상을 덮고
숲 어디선가
휘파람새 소리 또다시 흘러온다.

찔레꽃 올해도
똑 같은 향기로 피어나니
놀라워라.

이렇듯,
계절 온전히 돌아오니
하느님 계신 것이 분명하여라.

바다와 새

바다에 새가 없다면 얼마나 쓸쓸할까.
구름도 없는 바다 위 저 푸른 공간을
저 넓디넓은 공간을 무엇으로 메울까.

새는 바다가 있어 자유롭고
바다는 새가 있어 외롭지 않은 곳
나는 너에게 너는 나에게
하나로 어울리는 세상을 본다.

섬

고립과 단절의 고요가 그리울 때,
나는 날 기다려 서 있는 섬 하나를 생각한다.

외론 섬, 먼 하늘
노을 번진 바다는 언제나 아름답다.

섬은 그래서 바다에 핀 꽃이다.

산과 나

산이 좋아
산길을 걸었던 것이
한 번, 두 번, 세 번…….

건강을 위해
산길을 걸었던 것이
일 년, 이 년, 삼 년…….

멋진 풍경 찾아
산길을 걸었던 것이
십 년, 이십 년, 삼십 년…….

같이 걷고
같이 쉬며
서로 보아온 세월.

이젠
산 속에 내가 있고
내 안에 산이 있네.

같이 움직이고
함께 살아가네.

씨알의 꿈

씨알의 꿈은
언제나 푸르고 향기롭다.
안온히 잠든 씨알 속에는
신의 계시(啓示)와도 같은
믿음 깊은 내일의 세계가 잠들어 있다.

너의 꿈은
촉촉한 대지 따뜻한 햇살 속에 머물고
늘 초록빛 바다에 젖어
꽃으로 피어나는 향기
머언 대양(大洋)의 바람을 기다린다.
내일을 믿지 않는 사람도
네 꿈을 부정할 사람 없다.

풍요와 배고픔의 시대가 섞바뀌어도
빛나는 가을의 벌판으로 다가오는
다가오는 너는 언제나 어디서나
영원한 우리들의 배부른 꿈이었고
뿌리 깊은 믿음이었고 목숨이었다.

창 밖은 흰 눈의 계절!
이 휴면(休眠)의 꿈속에서도
너는 우리들의 두터운 신뢰 속에
비릿한 풋내음을 일으키고
믿음 깊은 내일의 세계를 설계한다.

한 톨의 씨알 깊음 속에는
온전한 아니 완벽한
하나의 작은 우주가 잠들어 있다.
돋아나는 꿈!
꿈은 초록빛 바다에 젖어 일렁인다.

서신(書信)

떨어져 사는 사람들에게 있어
잘 있다는 말처럼 믿음 깊은 말은 없다.
말하는 순간 날아가 버리는
감미로운 전파음이 아니다.
지구 저편에서 날아오는
초고속 인터넷에 떠다니는
값싼 사랑의 편지는 더욱 아니다.
신속히 다가오는 것은
그러기에 다가오는 만큼
크게 믿을 것 없다 나는,
하지만 익는 세월 기다려
받아 보는 너의 무게
나는 그런 신뢰를 사랑하며 산다.
그렇게 가까이 속삭이지 않아도 좋다.
외려 세월 기다려 느껴 보는
그렇게 들려오는 머언 울림
나는 너로 하여금 그리움 키우며
뿌리 깊은 사랑의 밀어(蜜語)를 듣는다.
말을 아껴 쓴 몇 줄의 추신(追伸)
나는 너로 하여금 아직도 예스런

고전적 미더움의 세계를 살아간다.

남천(南天)

초겨울
겨울 철새들의 모가지는
언제나 남천(南天)으로 향해 있다.

모든 것이 얼어붙고
따뜻한 것이
따뜻한 것이 그리워질 때
이따금 보게 되는
저 고달픈 것들의 긴 행렬……

그 어디쯤인지는 몰라도
저렇듯 떠가는 그 여정의 끝
그곳은 끝없는 갈대밭과
물갈퀴와 그리고
얼지 않는 강이 흐르는 곳이리라.

겨울 철새들의 모가지는
언제나
그곳 남천으로 꽂혀 있다.

밤길

늦은 밤
홀로 밤길을 걸어야만 했다.

여울이 멀어지고
소쩍새도 지쳐 잠든 산길
별빛 두어 개가
끔벅이며 하늘을 알려 주고 있었다.

적막한 행로(行路)
난 언제부터인지
내 자신의 발걸음 소리가
동행이 되어 주고 있는 것을 깨달았다.

밤은 고요하고
그런대로 다정했다.

바닷가에서

구겨진 마음을 펴보려고
바닷가에 왔다.

끝없는 모래톱
하염없이 거닐다가
하얀 조개껍질 하나를 본다.

단단한 각질도
저리 주름 잡혀 자랐는데,
나는 어느 먼 평원(平原)만을
꿈꾸며 살았던가!

살다간 흔적,
그 주름진 껍질에서
나는 파도의 잔물결을 읽는다.

다사리(多沙里)

그대가 있었기에
나는 언제고
네게로 도망쳐 올 수 있었네.

그대가 있었기에
상처받은 내 영혼은
언제고 위로받을 수 있었네.

그대가 있었기에
나는 속 깊은 사랑을 배웠고
주고 버리는 것 또한 알았네.

너그러운 바다여!
'바다'가 '받아주다'에서 온 말임을
나는 이곳에서 알았네.

서해(西海)

못다 이룬 꿈들이 떠있는
서해의 저녁 바다엔
언제나 온화한 비애가 깔려 있다.

이제 나이 웬만큼 먹었거든
뜨겁게 떠오르던 하루 해가
날마다 침몰하는
저 서해의 노을빛을 보아라.

물결은 발부리를 서늘히 적셔 오고
저리 남은 빛은
드디어 어둠 속에 잠기는데……

이제 다 버려
비로소 무엇인가를 얻었거든
그때
우리 남은 내일을 다시 생각해 보자.

물을 딛고 살아가는
흰 갈매기 몇 마리

오늘도
다도해(多島海) 저편으로 사라져 간다.

함께 하는 저녁

I

가슴에 상처 하나 더하거나
마음이 좀 울적할 때면
나는 가끔 매실주를 마신다.
넉넉지 못한 살림
더러 궁한 생활 속에서도
여유를 가지라고 준비해 놓은
그 빛깔 고운 매실주를 마신다.
하면, 이같이 눈바람 오가는 저녁에도
매실주의 향내는 어느덧
찬바람 속의 봄날
그 자잘한 매화나무 꽃송이로 이어지고,
어느 척박한 산록(山麓)이거나
어느 기름진 텃밭가에 쏟아지는
따뜻한 햇살 속에 나는 선다.

II

내가, 혹은 아내가 따라 주는
이 서늘한 입맛 끝에 울려오는
이 훈훈한 체온은 무엇일까.
어느 이름 없는 농부의 굳은살 박인 손

거칠어진 그 아낙네의 애틋한 손끝에 묻어 온
원망, 탄식, 아니면 일상의 슬픔도
시간 가고 숙성의 단계를 넘으면
이토록 푸근한 한 잔 술로 빚어져
이렇게 아득한 우리들의 슬픔까지도
잔잔히 잠재울 수 있는 것일까.

III

우리들의 슬픔과 기쁨이
모두 함께 하는 이 저녁
나는 비로소 생각한다.
이마마한 나의 삶을 이끄는 것도
실은 그 아픔과 실패의 덕이려니
그리하여, 달곰한 꽃내음과 따뜻한 햇살
두엄더미, 수염 덥수룩한 농부와 그의 아낙과
그리고 나의 가난한 아내가 함께 하여
내 가슴 뎁혀 올 때에
나는 그저 모든 것 잊어 본다. 그리고
그네들과 함께 하는 자리에서
다만 어느 먼 산자락의 향기로운 바람과
햇볕 밝은 촌락(村落)만을 생각해 보는 것이다.

갈목 저녁 바다

저녁 바다에 노을 보러 왔다. 굽은 해변 따라 아내와 아이들 손을 잡고 걸어간다. 모래 해변은 넓고도 시원하다.

해맑은 물밑 하얀 조개껍질이 물결 따라 오고간다. 쓸리는 소리 들린다. 모래를 만들고 있다.

머언 수평선 바다 끝 하늘 위 구름이 아름답고, 어느덧 하늘과 물 사이에 곱게 노을이 번져 간다.

선물 같은 이 시간. 우린 무엇 하나 부러울 것 없다. 멀리 고깃배 돌아가고 갈매기 날아와 날개를 접는다.

노을 번진 바닷가에 우린 지금 서 있다.

눈꽃

고요하다.

어둑해진 텅 빈 벌판에
하늘 가득 흰 눈꽃이 핀다.

먼 산도 마을도 언덕의 나무들도 가로누운 논둑길도 이삭 찾던 기러기도 모두 눈 속에 묻히는 시각.

난 아직도 가슴 설레어
쌓이는 그리움에
먼 허공만 바라보고 있다.

때론 아픔이

때론 아픔이 그리움이 될 때가 있다.
그때 나는 푸근한 우리 집을 생각한다.
잠시 시계를 잠재우고
따뜻한 방바닥에 등 붙이고 눕는다.

아내는 다시 전복죽을 끓이고
부드러운 손 다가와 발바닥을 주무른다.
큰 걱정 끼치는 아픔이 아니라면
가끔은 관심 끄는 그놈을 초대하고도 싶다.

아플 사이 없이 바쁘게 살다보면,
때론 집에 누워 치료받는
그런 틈에 지난 사진첩도 넘겨보는
아파 달콤한 시간이 그리울 때가 있다.

꿈에게

살아 있는 너는
내 외로운 삶에서의 반려였다.
목마른 먼 길에서의 샘이었고
밥이었고 집이었다.
오래간 나를 이끌어 온 너
너는 내 삶의 에너지였지.
이제 내 스스로의 힘에 부쳐
너를 풀어 보내나니
우리 서로 작별의 인사를 하자.
이것은 분명 아픈 이별
그러나 난 후회하지 않으리라.
너를 바라 그 모든 것
다 이루지 못했다 하더라도
나는 너를 지니고 사는 동안
너로 하여금 행복할 수 있었느니
가끔은 널 그리워도 하리라.

꽃에게

당신을 통해 아름다움을 보았고
당신을 통해 사랑을 배웠습니다.
다가간 나에게 향기로움으로 감싸며
웃음 띤 얼굴로 맞아 주었습니다.
그러기에 당신은 언제나 그리움이며
안식처이며 말없는 나의 스승입니다.

시에게

기인 고독을 풀어
한 줄 시를 짓는 밤

나는 네가 있어
더 외롭지 않다.

후회

지는 꽃 보며 느꼈네.
피어날 때 찾지 못한
그 아쉬움…….

6

기타

닭싸움

- 선거 유세전

바깥마당 한가운데서
피를 질질 흘리며
수탉 두 마리가 쌈질을 한다.

동네 닭 몇 마리를 거느리기 위하여
씨암탉 한 마리를 차지하기 위하여
이 추운 겨울날
핏칠을 해가며 털을 뽑는다.

삼동(三冬) 추위에
희부옇게 얼어붙은 벼슬을
저렇듯
서로 미욱스럽게 쪼아대고 있다.

몸뚱이엔 핏방울이 낭자하다.
살점이 떨어져 나온다.
그리고 벼슬이
벼슬이 땅바닥에 떨어져 내린다.

숲속 우화(寓話)

며칠을 두고 눈이 내리던 어느 추운 겨울날이었다고 한다. 어둔 굴속에서 추위와 굶주림에 견디다 못한 산토끼 한 마리가 가족들의 만류를 뿌리치고 먹이를 찾아 집을 나섰다고 한다. 이대로 앉아서 굶어 죽을 수는 없다며 폭설이 해일처럼 휩쓰는 숲속으로 사라져 갔다고 한다. 혹 눈 위에 남아 있을지도 모를 나무를 타고 올라간 마른 칡넝쿨이라도, 아니면 말라 비틀어진 찔레나무 열매라도 발견할지 모른다고. 그렇게 고집 부리며 집을 나간 토끼는 발간 눈빛을 사르며 온통 폭설이 물결처럼 쓸어오는 숲속을 가랑잎처럼 뒹굴며 돌아다녔다고 한다. 그리 돌아다니다 눈에 받히고 지쳐서 더 이상 걷지도 못하게 되었을 때, 그리하여 눈 속에 파묻힐 때쯤 되어서야 문득 그 토끼는 두려움에 돌아갈 생각을 하였다고 하는데, 돌아서 자신이 딛고 온 길을 되찾았을 때는, 이미 눈 속에 자국 묻히고 하늘에선 어둠까지 내리덮었다고 한다.

그렇게 폭설이 내리고 어둠이 내리고 며칠이 지난 어느 날. 한 나무꾼이 있어 눈구덩이에 빠져 죽은 회갈색 보드라운 산토끼 한 마리를 볼 수 있었다고 하는데, 그

놈의 하얀 이빨 사이에는 빨간 찔레나무 열매 하나가 박혀 있었다고 한다. 그 가시나무 붉은 열매가…….

겨울 공화국

어둠에 묻힌 침묵의 밤.

자리도 없이 추위에 떨며 지내던 개 한 마리가 있었다고 한다. 서리가 내리고 얼음이 얼던 밤이면 주위 사람들은 어둠을 뚫고 오던 그 개 울음소리를 들을 수 있었다고 한다. 높아지던 신음 소리 그때마다 달콤한 단잠에서 깨어난 주인은 꼬리를 흔들며 뛰어오르던 그 개에게 사정없는 매질만 해대었다고 한다. 떠들지 못하도록 떠들지 못하도록. 매일 밤 그렇게 학대받던 그 개는 드디어 어느 추운 겨울 밤 거친 들판으로 내몰리고, 공허한 지상엔 또다시 고요만이 켜켜이 쌓여 갔다고 하는데…….

며칠이 지나고 아니, 그렇게 몇 달이 지나고 동네 사람들은 벙어리가 되어 돌아온 그 깡마른 개의 모습을 다시 볼 수 있었다고 하는데, 그 개의 따뜻한 털 속에는 이 세상에서 가장 따뜻한 들꽃씨 몇 개가 붙어 있었다고 한다.

— 이 지상에 묻힐 빨간 풀꽃씨 몇 개가…….

밤낚시

봄바람이 살갗을 간질이는 밤
소쩍새 소리 들으며 물고기를 낚는다.

물 위에 줄을 던져 달을 낚는다.
오늘은 자잘한 별이라도 낚아 볼까.

새소리도 잠시 멎은 깊은 밤
나 자신을 미끼로 하여 우주를 낚는다.

회고(回顧)

나는 살면서 무엇이고 지배하는 것을 좋아하지 않았다.

그렇다고 남에게 지배당하며 살았다고는 결코 생각하지 않는다.

나는 살면서 소유하는 것을 크게 기꺼워하지 않았다.

그러기에 무엇에게도 소유 당하며 살았다고 생각하지 않는다.

그 무엇도 지배하려 하지 않았기에 외려 자유로울 수 있었고,

그 어떤 소유주도 아니었기에 나는 더 많은 것을 향유할 수 있었다.

May returning again

Now a bright
May morning.

Green leaves covered all the earth.
The song of the bush warbler
Come somewhere from the woods.

Wild roses bloom
With the some fragrance this year.
How amazing.

In this way
The seasons return entirely
This proves the existence of a creator.

「다시 온 오월」 英譯詩

후기(後記)

정리를 해놓고 보니, 대부분 젊은 날에 쓴 시들이다. 그러나 지금은 다시 쓸 수 없는 글들이다. 그런 면에서 내 소중한 유산이기도 하다.

시를 쓰지 않는 기간 동안도 나는 늘 시를 읽었고, 시를 생각하면서 시처럼 살아왔다. 그런 점에서 시는 나의 평생의 반려였다.

배움은 위대한 재창조적 활동이다. 산다는 것은 배우는 것이요, 인생은 교육의 일생이다. 그리고 그런 배움이 우리 인간을 만든다. 책을 넘어 자연에게서 배움을 얻은 나는, 그렇게 나의 마음의 자유를 키웠다.

나는 살아오면서 정신적 건강을 위해서는 책을 읽었고, 신체적 자유를 위해서는 숲을 걸었다. 자연으로부터 점점 소외되는 시대다. 그러기에 나는 숲을 찾아 거닐면서 자연의 모습을 관찰했고, 그들의 숨소리에 귀 기울였다. 그리고 그것들을 본떠 시를 지었다.

아무리 협소하고 빽빽하여도
나무들은 서로서로 비켜 자란다.
어느 하나 부딪치거나 밀치는 법 없이

가르침을 위하여
나는 지금 촘촘한 그들 앞에 서 있다.

—「默示」

나는 인간만큼 자연을 사랑한다. 그게 나의 숲에 관한 시들이고, 고향에 관한 시들이고 삶의 낙수(落穗)다. 그런 시들이 또한 궁극적으로 나를 사람답게 살도록 키우며 지켜왔다.

내가 이러한 시를 쓴 것은 누구를 '위해서'라기보다 우선은 그것이 '내 마음'의 표현이라는 것이다. 나는 큰 것을 원하지 않고 살았기 때문에 부족한 것도 별로 느끼지 못하고 살았다. 그것은 성격 탓이기도 하고 능력 탓이기도 하다.

영국의 시인 워즈워스는 자기 시에 대하여 이렇게 말했다.

"내 시는 괴로운 사람들에게는 위로를 줄 것이고, 날빛에 햇빛을 더하듯이 행복한 사람을 더 행복하게 할 것이다. 나이를 막론하고 품위 있는 사람들이 제대로 보고 생각하고 느끼도록, 그리하여 좀 더 적극적으로 또 안정되게 덕을 드러내도록 가르칠 것이다. 이것이 내 시들의 의무이다. 우리 가운데 죽을 운명인 모든 것이 무덤에서 썩고 난 뒤에도 오랫동안 충실하게 그 임무를 수행할 것으로 믿는다."라고…….

나는 이 글을 읽으면서 비록 내 작은 시이지만, '내 시의 의무' 또한 그런 것이었으면 하고 공감했던 적이 있다.

아무튼 분명한 것은, 시는 결국 그것을 쓴 사람의 삶과 생각 그리고 사유와 인격의 모두라는 것이다.

산과 나

초판 1쇄 인쇄 2013년 4월 20일
초판 1쇄 발행 2013년 4월 30일

지은이 윤병화
펴낸이 강영선
펴낸곳 도서출판 용의 숲
주소 서울시 마포구 서교동 361-9 3층
전화번호 02-338-5113
팩시밀리 031-914-5113
휴대폰 010-9177-8210
E-mail dragonpc@hanmail.net
출판등록 2004년 3월 29일 제313-2004-00078호

주문처 / 한국출판협동조합
전화 070-7119-1741 | 팩스 031-944-8234~6

ISBN 978-89-93703-35-1 03810

국립중앙도서관 출판시도서목록(CIP)

산과 나 : 윤병화 시집 / 윤병화 [지음]. -- [서울] : 용의숲, 2013
p. ; cm

ISBN 978-89-93703-35-1 03810 : ₩8000

한국 현대시[韓國 現代詩]

811.62-KDC5
895.714-DDC21 CIP2013001905